AF395211

PROJET

D'UNION NATIONALE

Association générale par les Capitaux

Par Jean-Baptiste GRANGER-VEYRON

FABRICANT DE FERS OUVRÉS

Fournisseur de la Marine, à Lyon.

L'échange, premier besoin des nations : l'or et l'argent comme seuls agents de cet échange, source de tous les abus. La production de ces métaux, moins forte que les autres produits des hommes : par ce fait le travail sous la dépendance. Nécessité d'organiser un système général de crédit par le concours et pour le profit public, et de faciliter l'échange direct des valeurs créées par l'industrie !

LYON

CHANOINE, IMPRIMEUR ET LITHOGRAPHE

18, PLACE DE LA CHARITÉ.

5 Avril 1848

PROJET

D'UNION NATIONALE

ASSOCIATION GÉNÉRALE PAR LES CAPITAUX

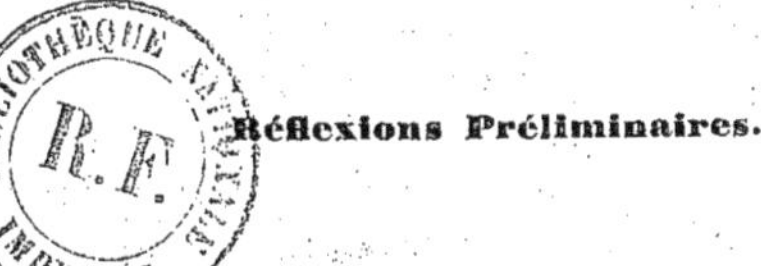

Réflexions Préliminaires.

Les idées nouvelles longtemps comprimées tendent de plus en plus à conquérir le monde, et s'il a ressenti de si violentes commotions, c'est, à mon avis, par la raison qu'on n'a jamais trouvé la solution pratique de toutes les doctrines qui ont été émises en faveur de l'amélioration du sort des travailleurs, car il ne suffit pas de présenter des théories plus ou moins séduisantes, il faut encore qu'elles soient applicables, suivant la morale et la religion. Les peuples ont dit dans leur bon sens et leur justice : Nous demandons à participer aux avantages matériels de la société, mais nous ne voulons dépouiller personne ; que chacun conserve ses goûts, ses habitudes, ses biens, son indépendance ; liberté pour tous !

Cependant les esprits sérieux, les vrais amis du peuple, qui veulent son bonheur sans le flatter, ont dû se demander s'il n'y avait pas en sa faveur quelques moyens d'amélioration, plus pratiquement exécutables que ceux présentés par tant d'idéologues, s'il fallait rompre entièrement avec les traditions anciennes, consacrées par l'expérience des siècles, ou en briser seulement quelques anneaux pour les rattacher à une ère nouvelle. C'est surtout en présence des événements qui viennent de s'accomplir qu'il faut se presser de développer les idées de progrès que l'amour du pays peut avoir suggéré. J'apporte mon offrande avec conscience, heureux si je puis contribuer au bonheur général et à la confraternité de tous les Français.

Pour peu que l'on veuille examiner comment a dû se former la situation commerciale, industrielle et financière actuelle, on sera facilement convaincu que le hasard ou les besoins du moment ont seuls déterminé cette formation.

Dès qu'une agglomération un peu considérable d'hommes a eu lieu, il a fallu pourvoir à des besoins qui ont naturellement amené des échanges et des transactions. C'était déjà du commerce.

A mesure que les populations se sont accrues, autres nécessités, il fallait trouver les moyens de cultiver la terre plus fructueusement, de se vêtir, de s'abriter. Les hommes ont dû chercher à fabriquer des outils, des instruments de diverses espèces. C'était déjà de l'industrie.

Mais l'esprit humain va toujours progressant, de plus en plus, des besoins nouveaux, des transactions d'une nature plus élevée; des échanges d'un peuple à un autre, conduisaient à songer à la création d'un signe représentatif du travail et des valeurs naturelles ou industrielles que les hommes possédaient, c'était arriver à employer comme moyen d'échange les métaux précieux, tels que l'or et l'argent. C'était déjà de la banque ou du commerce financier.

Je rechercherai si l'emploi des monnaies métalliques, comme seule véhicule des échanges, a rendu autant de services qu'on le croit généralement, et si le principal mérite de ces monnaies n'a pas été d'avoir fourni l'occasion d'en faire la mesure commune entre toutes les denrées et toutes les marchandises, par l'estimation qui s'en est suivie, valeur en numéraire. Je m'attacherai surtout à montrer le mouvement des produits divers, comme ayant eu et pouvant avoir lieu par d'autres voies, et à faire ressortir les avantages d'un système mixte qui serait la combinaison de tous les moyens d'échange.

C'est surtout à l'époque où s'enfantaient les premières idées financières, qu'il importe de remarquer les tendances des individus à s'isoler dans leurs intérêts personnels, et je crois que l'on conviendra volontiers que les lois qui ont été faites avaient plutôt pour objet de régir les choses existantes, que de régler les rapports qui devraient lier les différents genres d'industrie ou de commerce, en vue de l'intérêt général des populations.

C'est ainsi que, sans aucun lien préexistant, chaque homme s'est déterminé suivant ses goûts et le hasard, ou la nécessité, à devenir commerçant, industriel, ou banquier, et qu'il n'a pu travailler que pour lui seul, sans qu'il lui ait même été possible d'apporter son concours à l'intérêt général. C'est ainsi que tous les commerces et toutes les industries, qui ont tant de point de contact, n'ont pu dans cette position se prêter un mutuel appui.

Aussi qu'ont enfanté le hasard ou la nécessité? Quel triste tableau à mettre devant les yeux que celui du passé!

Nous avons vu la concurrence sans frein, l'égoisme, l'usure, les tromperies les plus criantes. Par suite, des familles entières précipitées de l'aisance dans la misère, les travailleurs ruinés, les traitants et les oisifs enrichis à leur dépens, le peuple laborieux ne pouvoir arriver à donner à sa famille une condition supportable, ni laisser à ses enfants les outils nécessaires pour exercer avantageusement un état, cette impuissance l'entraîner à la paresse, à la débauche, à la révolte. De ces causes sont nées les révolutions, les bouleversements et la désafectation à la patrie.

Cette situation qui fait gémir tous les amis du pays, doit appeler l'attention du gouvernement et des législateurs ; souvent on a montré le mal sans indiquer le remède. Ne sera-t-il d'en trouver un? Est-il possible d'ouvrir au peuple une nouvelle ère et d'appeler au bien-être tous ceux qui voudront par le travail et l'économie, fonder pour eux et leurs descendants les bases d'un état heureux et prospère? Que les saines doctrines renaissent, qu'on acquière pour soi et pour les siens, et que puisse se former une vaste réunion d'hommes disposés à s'entraider au lieu de se nuire, que des intérêts mutuels les lient, qu'ils trouvent dans l'association que je vais proposer l'assurance d'un meilleur sort! que le riche soit le patron et le commanditaire du pauvre, la religion le veut, l'humanité, la raison le demandent. Alors se formera une masse compacte et puissante d'êtres libres et bienfaisants, dévoués pour leur patrie, et pour la défense de tous les droits.

Dans la situation des connaissances humaines, avec les développements qu'ont acquis les sciences commerciales ou d'économie politique, les moyens d'augmenter la fortune publique par l'augmentation des fortunes particulières, et d'assurer les améliorations que réclament une civilisation avancée, me paraissent si simples qu'il semble qu'ils se présentent d'eux-mêmes, et il est surprenant que l'idée n'en soit pas déjà venue aux hommes chargés de diriger les ressources des États.

Serait-ce qu'ici, comme en mécanique, on commence presque toujours par les combinaisons les plus compliquées, et qu'on n'arrive à faire fonctionner utilement la machine, qu'après l'avoir débarrassée d'une foule de rouages nuisibles.

Ces moyens que je développerai consistent dans la formation d'une *Banque nationale*, créée au profit de tous, et à laquelle seraient accordés certains priviléges. — On m'excusera d'employer ce mot, car dans la pensée qui me dirige, il exprime l'idée du renversement du monopole et l'édification des droits généraux.

Cette banque nationale devrait naturellement avoir seule la faculté d'émettre des billets de circulation, et d'exploiter certains droits et certaines industries qui ne peuvent l'être utilement par l'État, ou que ce dernier lui concéderait d'autant plus volontiers qu'il en retirerait un avantage par le bien être général , ou par la part qu'il pourrait prendre lui-même comme actionnaire dans l'entreprise.

Tels sont la cession des ponts suspendus , des chemins de fer , ou autres concessions à mesure qu'elles feraient retour à l'Etat, l'éclairage des villes, les assurances contre l'incendie ou les risques maritimes , les concessions à titre gratuit des minerais ou houillères qui pourraient être découverts, les successions vacantes, etc.

L'argent qui circule dans une ville n'est que la représentation des échanges qui se font sur toutes choses entre ses habitants , les billets à ordre qui sont tirés d'un département sur un autre, ne représentent que les échanges qui ont eu lieu entre ces divisions territoriales, les lettres de change qui circulent de la France à l'étranger, et réciproquement, ne représentent à leur tour que l'entrée ou la sortie de denrées , ou de marchandises qui se sont achetées ou vendues. J'établirai que la réunion de toutes ces valeurs de circulation , dans les mains d'une entreprise générale, constituerait un véritable échange sans déplacement d'espèces métalliques , soit par les billets de circulation , soit par les crédits ou débits qui auraient lieu d'un comptoir à l'autre, ou de la banque du pays avec des banques étrangères constituées sur le même système.

Je ne viens pas présenter une association générale sur tous les rapports que les hommes ont pu créer entre eux, par le travail, l'industrie, ou le commerce. Je ne puis penser qu'il soit possible d'obtenir un résultat pareil. Je conçois qu'il puisse se former des associations partielles plus ou moins nombreuses pour l'exploitation d'une ou de plusieurs industries mécaniques, que dans ces réunions d'hommes, les droits, la nourriture, le travail, l'habitation, les bénéfices, soient les mêmes pour tous. Encore, faut-il pour vivre dans cette règle commune, une grande abnégation de soi-même. Il serait d'ailleurs facile de démontrer que le pays ne pourrait en retirer de grands avantages, car les bras devraient être occupés plus que l'esprit et l'imagination, et ces associations seraient plus propres à perfectionner les arts mécaniques existant, qu'à faire de nouvelles découvertes ; mais vouloir étendre cette organisation jusqu'à la réunion de toute une population, ce ne peut être qu'une chimère.

J'ose croire qu'il n'en n'est pas ainsi du système que je présente. Il s'agit d'apprécier les opérations qui sont susceptibles d'association générale, et celles qui ne le sont pas. Il est des entreprises dont on désire posséder une part, et qu'on laisse volontiers gérer par d'autres ; il est des choses qu'on veut garder pour soi, et où l'on veut rester maître et indépendant. Ce n'est pas par l'effet d'un caprice, mais bien par la nature même de l'opération en cause. Recherchons donc avec soin ce qui peut ou doit rester une propriété particulière, ou devenir le but d'une exploitation générale pour le profit de tous.

Si nous avons une fois établi cette distinction, nous conclurons facilement qu'il faut placer les banques au premier rang du domaine public. Cette faculté concédée par l'Etat de battre monnaies par l'émission de billets de circulation, ne peut être au profit d'une catégorie de citoyens. Organisons donc au plus vite une banque nationale : tous ceux qui prendront part à sa formation, verront de suite que la force du crédit, qui permet pour les banques basées sur l'intérêt particulier l'émission de valeurs de circulation pour un capital double des fonds déposés, et une extension de ces valeurs encore plus fortes, dans une banque fondée sur le concours général, que la force de l'intérêt composé, et de l'escompte pris en dehors, c'est-à-dire prélevé sur toute somme à payer, accumulent des bénéfices toujours croissants. Les fondateurs ne seront cependant privés d'aucun de leurs moyens d'action personnelle. La banque, tout en fonctionnant sans eux , à leur profit, les aidera encore dans leurs entreprises ou dans leur travail individuel.

Je chercherai à démontrer qu'il n'y a pas d'amélioration possible dans le sort des peuples, si l'on ne songe, avant toute chose, à réformer les monopoles financiers; la valeur d'échange, ce pain de l'industrie, cet aliment de l'agriculture, tend à s'éloigner des mains qui la réclament à plus juste titre, et ne peut y retourner que par l'extirpation radicale des abus entassés depuis des siècles pour le profit de quelques-uns, contre l'intérêt de tous.

Pour le moment, je me bornerai à l'exposé rapide de mon système :

1° Banque nationale, par la réunion de tous les capitaux qui voudront y concourir;

2° Taux d'émission des actions à cent francs, en quatre paiements de six en six mois, le premier en souscrivant; faculté de paiement total, moyennant escompte ;

3° Les souscriptions ouvertes dans chaque préfecture et sous-préfecture, dans chaque mairie et chef-lieu de canton, sous la surveillance d'un délégué du Gouvernement;

4° Tout Français admis à souscrire, et la préférence accordée aux souscriptions les plus faibles, en commençant par celle de une action jusqu'à cent, dernière limite d'une souscription particulière;

5° Emission d'un capital plus fort, de tout celui que les autres banques et caisses d'escompte déjà constituées pourraient verser, si elles veulent se réunir à la banque nationale;

6° Réserve en faveur du Gouvernement de verser comme actionnaire toutes les sommes dont il pourra disposer par la caisse d'amortissement, les bons du Trésor ou de toute autre façon ;

7° Clôture des souscriptions dans un délai déterminé, après lequel le Gouvernement seul aura le droit de requérir une inscription au pair, contre versement, en faveur d'un Français auquel il concèderait une récompense nationale.

8° Reconstitution de la banque générale dans les périodes de temps suivantes : la première à cinq ans d'intervalle, la seconde à sept ans, et toutes les autres à dix ans ; les anciennes actions liquidées et admises de nouveau pour leur valeur réelle dans la nouvelle recomposition, avec adjonction de nouveaux actionnaires ; les moindres demandes toujours préférées ;

9° Emission de billets de banque toujours remboursables en espèces métalliques, en coupures depuis mille jusqu'à cinq francs ;

10° Etablissement immédiat de comptoirs dans toutes les villes manufacturières ou commerciales, à la charge par ces dernières de fournir un local gratuit ;

11° Escompte de toutes les valeurs commerciales réunissant les conditions nécessaires pour en assurer la rentrée. Commission très-modérée pour le change d'une place à l'autre, attendu les facilités dont la banque disposera par ses comptoirs.

12° Echange facultatif par tous les comptoirs des billets des comptoirs associés, en prélevant une simple retenue équivalente aux frais de transports d'argent, et compte de revirement des déposants d'un comptoir sur un autre ;

13° La banque nationale et ses comptoirs, mis en rapport immédiat avec le Gouvernement, pour recevoir tous les fonds provenant des impôts et pour faire tous les paiements de services de rentes, de pensions, traitements ou fournitures dans les départements ;

14° La valeur de toute concession de l'Etat, par retour de privilége concédé, toutes adjonctions à la banque d'exploitation de chemins de fer, d'éclairage, d'assurances, de minerais ou houillères, converties par elle en actions à délivrer par préférence aux intéressés dans ladite banque, et en proportion de l'intérêt qu'ils y posséderont. Les actions seront délivrées gratuitement si la concession a été gratuite, ou au pair du revient si elle est acquise contre achat en valeur d'échange.

Création immédiate par la banque de billets de circulation, représentant les revenus approximatifs des exploitations qui lui écherront ; ces billets ne seront pas remboursables en espèces, mais en valeur des produits de ces exploitations. Ainsi, il circulera des bons valeur en transports sur chemins de fer, valeur en prime d'assurances, valeur en éclairage, etc.

15° Intérêt semestriel à raison de 4 0/0 l'an, payé aux actionnaires, et, à la fin de chaque année, répartition de la moitié des bénéfices nets. Un tiers de l'autre moitié mis à la réserve, et les 2/3 restants employés à faire des avances à raison de 4 0/0 l'an, sur garanties valables, aux propriétaires agriculteurs.

16° Établissement dans chaque chef-lieu de préfecture ou dans les villes les plus commerciales de chaque département, d'une succursale du comptoir d'escompte, qui pourra recevoir en consignation des blés, vins, houilles, fers, etc., et créer des bons de circulation depuis cinq cents jusqu'à cinq francs, représentant seulement les trois quarts de la valeur réelle du dépôt, et non remboursables en espèces, mais en marchandises déposées. Ces succursales seront immédiatement établies dans les villes qui pourront fournir, moyennant un loyer, des entrepôts convenables. Il ne sera perçu par les succursales, sur le montant des marchandises consignées, qu'une commission équivalente aux frais de l'exploitation.

17° Les actions de la banque seront nominatives, et ne pourront être vendues directement par ceux qui les posséderont. Cette vente ne pourra être opérée que par la banque elle-même sur le dépôt des titres.

Telles sont les principales dispositions, dont je chercherai à développer les conséquences.

Parmi les considérations qui doivent pousser à entrer dans une voie de crédit large et générale, on trouve au premier rang l'énormité de la dette publique, la crise financière qui sévit sur la France, et la nécessité de répartir les charges de l'Etat d'une manière plus équitable.

L'emprunt n'est à mon avis qu'un moyen de dispenser des charges une partie de la fortune publique, en les rejetant sur l'autre. Il arriverait même qu'en empruntant sans cesse, le revenu général finirait par être absorbé en entier au profit de prêteurs exonérés de tout impôt. Or, cette part du capital de la nation, qui paie tout et toujours, c'est surtout celle des travailleurs.

Ne paraît-il pas au premier aperçu, que la participation de l'Etat dans l'entreprise d'une banque générale, est non-seulement un moyen de diminuer les charges de l'impôt, mais encore de lui procurer les fonds nécessaires pour l'amortissement de la dette ? Il n'a qu'à laisser chaque année une part du bénéfice de ses actions se capitaliser et s'accroître par la force de l'intérêt composé et des bénéfices nouveaux que les anciens procureront.

Si les banques, actuellement en exercice, ont vu presque doubler leurs capitaux dans l'espace de huit à neuf ans, que ne peut-on pas espérer d'une entreprise fondée sur une plus large part de bénéfices légaux, dans l'intérêt de tous, et aidée par tous les concours.

J'espère que les porteurs de rentes ne s'effrayeront pas de l'idée que j'émets , puisqu'elle a pour but d'assurer le service de leurs intérêts et le remboursement de leur capital qui pourraient être très hypothétiques avec l'ancien système de crédit; que les banques et les caisses d'escompte en exercice ne pourront se plaindre avec justice. Elles pourront se fondre dans la banque générale ou continuer leurs opérations jusqu'à l'extinction de leurs priviléges. Mais dans cette dernière supposition , elles seraient vraisemblablement anihilées , de la même façon que le railway a dépossédé la messagerie et le roulage. D'ailleurs , on ne ferait que leur appliquer , dans l'intérêt général , le principe de la liberté de concurrence. Est-ce ce que le marchand ou l'industriel peuvent trouver qu'il est injuste qu'un nouveau commerçant ou fabricant vienne établir à côté d'eux un semblable débit ou une semblable industrie ?

D'ailleurs , les banques , telles qu'elles sont constituées, ne peuvent rendre que des services très limités. Dans les temps ordinaires, elles nuisent aux véritables capitaux qui ne peuvent soutenir leur concurrence ; elles excitent à la circulation et à la production par les capitaux fictifs qu'elles jettent sur le marché, et elles contribuent trop souvent à amener des crises qu'elles sont impuissantes à conjurer, ou qu'elles rendent encore plus intenses par le retrait de crédit, que leur capital , souvent trop restreint, les force d'adopter.

Un fait remarquable, au détriment de tous, et qui se renouvelle trop souvent , c'est la panique des porteurs de billets de banque, de caisses d'escompte ou d'épargne. Dès qu'il arrive une crise financière ou politique, chacun court demander son remboursement en espèces métalliques , et la crise devient de plus en plus effrayante; c'est parce que le crédit n'est pas constitué sur des bases inébranlables; c'est qu'il existe des intermédiaires qui n'ont pas la confiance générale, et qui même, souvent, ne se l'accordent pas réciproquement; c'est que l'instinct de l'intérêt personnel n'est contrebalancé par aucune autre considération. Rien ne peut engager à garder des valeurs, dont la conservation ne rapporte aucun avantage; mais je le demande à tout homme de bonne volonté, est-ce que les choses se passeraient ainsi, si la presque généralité des habitants d'un pays étaient co-propriétaires de la banque qui aurait émis ces billets , ceux qui possèderaient des actions depuis 100 fr. jusqu'à 10,000 fr. , et qui auraient dans leurs mains, au moment d'une crise, des valeurs de circulation à peine équivalentes à leur intérêt dans la banque, iraient-ils courir au remboursement contre espèces pour déprécier d'un côté la valeur qu'ils retireraient d'un autre?

9

Les actionnaires des banques existantes ont assez prouvé par le soutien constant qu'ils ont donné à la circulation des billets, qu'ils considéraient l'intérêt de
ces banques comme le leur propre, et l'on ne pourra concevoir que les actionnaires d'une entreprise générale n'auraient pas le même sentiment de
leur intérêt. D'ailleurs, pourquoi court-on à la banque pour faire l'échange,
si ce n'est parce que l'on craint que les billets ne soient plus reçus en paiement ?
Mais si, comme tout le fait supposer de la nouvelle organisation, les billets de
circulation se trouvent répartis en minime quantité en chaque main, quoique la
masse totale puisse en être énorme ; mais si vous n'avez plus à les remettre qu'à
des intéressés, comme vous-mêmes, à les accepter, cette crainte disparaît, chacun
les prend et les donne pour leur valeur, et il n'y a plus à prendre en considération
la chance du remboursement en masse.

A l'égard de la formation du capital, on peut bien supposer qu'il existe en
France :

Un million d'individus qui peuvent disposer en espèces, dans l'intervalle d'un
an et demi, de mille francs ; soit :   1,000,000,000

Un million qui puissent disposer de cinq cents francs :   500,000,000
Un million qui puissent disposer de deux cent cinquante fr.   250,000,000
Cinq millions qui puissent disposer de cent fr.   500,000,000
                                                            ─────────────
En total deux milliards deux cent cinquante millions   2,250,000,000

Ajoutons à cette somme les fonds que le Gouvernement peut verser lui-même,
par les réserves de l'amortissement ou de toute autre façon. Si les actionnaires
des autres banques et des caisses commerciales viennent se fondre dans la banque
nationale, c'est encore une augmentation de quatre cent millions.

Qu'on facilite l'accès de la banque à tous, qu'on verse même le montant d'actions sur des fonds de souscriptions en faveur du peuple, et que ces actions soient
distribuées à des ouvriers malheureux. Quant à l'argent, qu'on ne craigne pas de
porter à la banque presque tout celui qui existe en France, la banque vous le
rend immédiatement en valeurs de circulation. C'est ainsi qu'il arrive à tous des
valeurs en échange de leurs marchandises ou de leur main d'œuvre. Enfin l'homme
peu fortuné qui a disposé de la majeure partie de son avoir en espèces pour payer

une action, peut être aidé sur le dépôt de cette action , en payant un intérêt au taux le plus modéré, et il ne perd pas pour cela sa part du bénéfice général.

Je ne crois pas devoir mettre en doute que les avantages d'une banque nationale ne soient sentis par toutes les personnes qui ont quelques connaissances en économie politique. Mais c'est surtout au simple marchand , à l'artisan , au rentier , que leurs occupations n'ont pas appelés à réfléchir sur ces opérations , qu'il s'agit d'en démontrer les avantages pour le bien public et pour le leur. Il faut populariser la banque, faire voir ce mouvement de capitaux qui entrent et qui ressortent sans cesse , et qui s'accroissent d'autant plus qu'ils rendent plus de services. Constituer le crédit sur les bases que j'ai indiquées , ce ne sera pas semer sur un terrain inculte , ni bâtir sur le sable mouvant , mais déposer dans un champ fertile, des germes précieux , et jeter des fondements inébranlables d'ordre, d'union et de force.

S'il pouvait se rencontrer des oppositions , dans les temps où le crédit paraît stable , elles ne pourraient raisonnablement avoir lieu dans le moment actuel. Une partie des banques et des maisons financières n'ont-elles pas prouvé qu'elles ne pouvaient soutenir le crédit public, qu'elles avaient pour ainsi dire garanti? Elles ont même été les premières victimes d'un système appuyé seulement sur quelques intérêts particuliers.

Mais l'établissement d'une banque générale et financière n'est, à mon avis, que la première phase de la question. Je me propose de faire voir qu'on peut mettre en circulation des bons non remboursables en espèces métalliques, de toute entreprise dont les valeurs peuvent se fractionner et qui seront même très-recherchés par le public et par les travailleurs. Tels sont les revenus des entreprises que j'ai précédemment indiquées ; je me propose encore de faire voir qu'on peut, à plus forte raison, émettre des bons de circulation dont le montant exprimé en numéraire ne serait remboursable qu'en denrées de consommation usuelle et en matières premières , qui auraient été déposées à la consignation de la banque générale.

Il n'a jamais manqué, pour qu'on puisse en arriver là , qu'une condition indispensable , c'est que les émissions soient faites par une compagnie qui présente toutes les garanties de moralité et de solvabilité.

Dans mon système, ces garanties ne peuvent être plus positives, puisque c'est la nation elle-même qui fait les émissions par l'intermédiaire d'une entreprise qui représente les intérêts généraux.

C'est arriver ainsi à faire l'échange des valeurs diverses presque sans numéraire. Il est bien évident que ces bons trouveront facilement à se placer, et qu'ils garantiront même à la société et au travailleur l'assurance de recevoir à un prix moins élevé que par le passé, et sans appréhension sur la qualité des produits, les objets de leur emploi ou de leur consommation journalière.

Tout peut se régulariser par l'entreprise générale sur le marché de l'entrepôt. Pourquoi ne livrerait-elle pas du vin ou du fer à celui qui présenterait un billet de circulation payable en blé, puisque réciproquement elle livrerait du blé à celui qui présenterait un bon payable en vin, et ainsi de suite ? Enfin les appoints seraient faits en billets de circulation, valeur espèces métalliques.

Il sera facile de prouver que l'argent n'a été si recherché que parce qu'il était le seul véhicule de la circulation, et cependant il n'est que le moyen et non le but. Chaque individu aspire surtout à se procurer les choses qui sont nécessaires à son bien-être, ou les valeurs industrielles ou territoriales qu'il désire. Les producteurs de blé n'ont en vue que d'échanger ce blé, les travailleurs que d'échanger leur main d'œuvre ou les produits de leur industrie contre tous les objets de leur consommation. Enfin toutes les classes de la société n'ont pas d'autre but et ne font réellement pas autre chose.

Le négociant ou le fabricant de Marseille qui expédie des vins ou des savons à Lyon, s'il a remis au comptoir de sa ville la lettre de change qu'il a créée pour se couvrir de ses avances, peut à son gré obtenir en paiement des billets de circulation valeur en numéraire ou valeur en marchandises consignées, ou laisser le montant de son effet en compte à la banque, et sur ce dépôt assigner des paiements à des tiers, lesquels, ayant un compte comme lui, se trouvent réglés par un transport d'un compte à l'autre.

Le négociant ou fabricant de Lyon, qui expédie des fers ou des soieries à Marseille, sera dans le cas de faire la même opération avec le comptoir de Lyon, et, par le débit et le crédit que feront ces deux comptoirs entre eux, il résultera un échange direct des produits des deux villes.

Le négociant de Marseille qui a remis sa lettre de change sur Lyon, peut même demander que le montant lui en soit attribué à Paris, où il servira à solder des envois de cette ville dans le Midi.

Enfin, ces commerçants auront même créé dans chaque comptoir une valeur sur laquelle pivoteront sans cesse une foule d'échanges directs.

Les habitants d'une ville peuvent se servir des sommes qui leur ont été assignées dans leur comptoir , déposer des espèces métalliques ou des billets de circulation des deux espèces de valeur, ou les matières premières et denrées en nature, sur lesquelles viendront se résoudre des échanges directs par simples revirements de comptes. Enfin , la circulation des bons divers complètera évidemment un système général d'échanges , où tous ceux qui ne seront pas au-dessous de 5 francs auront lieu presque sans maniement d'espèces métalliques.

Dès qu'un seul échange aura été fait contre un billet de circulation , ce même billet circulera encore pour en opérer d'autres, et le signe représentatif étant abondant, ira facilement dans les mains de tous. Echange de marchandises , de mains d'œuvre, contre des billets de circulation de diverse nature , échange de ces billets entre eux suivant les besoins de chacun, mouvement perpétuel de rotation de tous les produits divers !

J'en appelle à toutes les intelligences : comment produire ces facilités extraordinaires autrement que par l'association universelle ?

Ce que je propose s'exécute déjà partiellement. N'y a-t-il pas des manufactures où l'on fournit au travailleur tous les objets dont il a besoin , c'est-à-dire, où l'on échange ces objets contre sa main d'œuvre ? Dans plusieurs pays de fabrique où l'ouvrier travaille pour son compte, les choses ne se passent pas autrement. Il vend souvent ses produits à la même personne qui lui revend en échange les denrées ou les marchandises nécessaires à son entretien ou à sa fabrication.

Le peuple a un instinct merveilleux pour tout ce qui lui est profitable ; il adoptera avec empressement toutes les valeurs qui peuvent servir à ses besoins. Avec le bien-être général, la main-d'œuvre s'élèvera d'elle-même. Il pourra faire de l'épargne , s'intéresser dans l'œuvre nationale, y apporter son concours , s'élever par lui-même à l'aisance, à la prospérité , et en agissant véritablement pour lui , faire de l'intérêt général son intérêt particulier.

J'ai admis des bons de circulation remboursables en espèces à volonté depuis mille francs jusqu'en coupures de cinq francs. Je prévois qu'on va se récrier contre des billets d'une aussi minime valeur ; on a vu des hommes exercés dans les finances, hésiter longtemps à admettre les coupures de deux cents francs : je réponds que c'est par la raison que ces coupures représentent encore une somme trop forte pour les besoins journaliers, qu'on est obligé de les faire changer aussi souvent contre du numéraire ; je crois pouvoir poser en principe que par la nouvelle institution, les bons au-dessous de cent francs seront moins souvent que les autres convertis en espèces. D'après ce qui précède, je n'ai qu'un mot à dire, c'est précisément dans ces derniers bons que se trouvera la représentation de l'intérêt qu'auront les masses d'en favoriser la circulation, c'est leur propre affaire qu'elles sauront conserver par la confiance mutuelle.

D'ailleurs, lorsqu'un édifice ancien s'écroule par ses fondements, il faut bien le reconstruire sur des fondations nouvelles, c'est vainement que l'on crée des comptoirs d'escomptes dans plusieurs villes, on ne pourra jamais, en suivant les errements du passé, et sans l'intérêt et le concours publics, constituer l'unité du crédit et la réciprocité de confiance indispensables pour asseoir définitivement le système financier.

Une partie des différents modes de transactions que je propose ont déjà été essayés, mais ces essais dépourvus d'ensemble, ou tentés sur une seule partie des moyens dont je généralise l'emploi en y ajoutant tout ce que l'idée pratique peut admettre, n'avaient pas répondu dans leurs anciennes bases aux avantages qu'on en attendait; créés par l'intérêt particulier, ils ne pouvaient résoudre la grande question de crédit, et je crois pouvoir le déclarer, toute tentative partielle et même générale qui n'embrassera pas tous les moyens que j'indique, ne pourra rendre d'utiles services dans les temps ordinaires, ni empêcher aucune crise violente de renverser l'édifice qu'on aura voulu élever.

Je dois mettre au premier rang des nécessités sociales, celle de fonder un mouvement de valeurs de circulation capable d'équilibrer la totalité des autres valeurs incessamment créées par le travail et l'industrie. Il est évident que le numéraire et les billets de banque en mouvement il y a trois ou quatre ans, à peine suffisants à ladite époque, ne l'étaient plus depuis la formation de tant d'entreprises nouvelles. C'est une faute grave de n'avoir pas songé au contre-poids qu'elles exigeaient. Qu'on se hâte de rétablir cette harmonie si désirable des produits divers, de fonder un établissement qui accroisse incessamment les capitaux par l'épargne et le cumul des bénéfices, pour faciliter entre les hommes l'échange de tous les produits. C'est seulement ainsi que *pour tous et dar tous*, on parviendra à constituer les véritables rapports d'échange, qu'on verra tous les hommes se livrer avec confiance au travail, à l'industrie, et créer incessamment des valeurs qui s'accroîtront et se multiplieront sans cesse, parce que l'aisance générale en facilitera le placement.

En indiquant ces améliorations, je sollicite le maintien de toutes les propriétés; c'est seulement de leur plein gré ou après extinction de leurs droits que je demande la fusion de certaines entreprises dans le grand œuvre de régénération , et je suis convaincu qu'en se réunissant d'elles-mêmes, elles y gagneront l'avantage de raviver les sources presque taries de leur prospérité.

On s'occupe avec une louable ardeur de l'organisation du travail et de l'amélioration du sort des producteurs ; mais je crains que le but ne puisse être atteint par les voies déjà proposées. Comment en effet rémunérer convenablement le travail, si l'on n'a préparé d'avance les moyens de faciliter les échanges entre tous les hommes ? commençons donc par établir les véritables bases d'un ordre nouveau, et nous en verrons naturellement découler toutes les conséquences.

Il faut reconnaître que les institutions qui régissent les peuples ne peuvent rester stationnaires ; chaque période de temps amène des besoins nouveaux qui veulent être satisfaits sous peine de dépérissement général ; la résistance coupable à de justes droits brise les liens de fraternité entre les membres d'un État, l'unité nationale est rompue et le corps social tend à se dissoudre. Ainsi sont disparus de la surface du globe des peuples puissants dont il ne reste de traces, que dans l'histoire ; utiles enseignements si leurs débris épars peuvent nous faire apprécier les causes qui les ont fait tomber.

Heureuses les nations dont les Gouvernements sont assez éclairés pour introduire dans les lois des institutions qui soient en harmonie avec les besoins et les vœux publics! car c'est du concours des pouvoirs réguliers qu'il faut attendre de sages réformes; en vain le torrent populaire gronde, il renverse, il détruit, n'édifie rien, et l'œuvre sociale reste imparfaite.

Cet exposé suffira pour montrer l'ensemble de la pensée qui me dirige ; dans les développements qui suivront , je serai obligé de rappeler des principes déjà émis par les économistes de leur emprunter tout ce qui se liera à mon système ; mais j'écris pour l'ouvrier à qui ces questions ne sont pas encore familières, et en faveur de cette intention on m'excusera de reproduire des notions déjà anciennes mais éparses, et dont on n'a ni tiré toutes les conséquences dont elles sont susceptibles, ni songé par l'addition d'idées nouvelles à former le faisceau des intérêts matériels du peuple.

Chanoine, impr. à Lyon, 18, pl. de la Charité.

Erratum : page 5 , ligne 11, au lieu de : *Ne sera-t-il d'en trouver un*, lisez : *Me sera-t-il donné d'en trouver un ?*

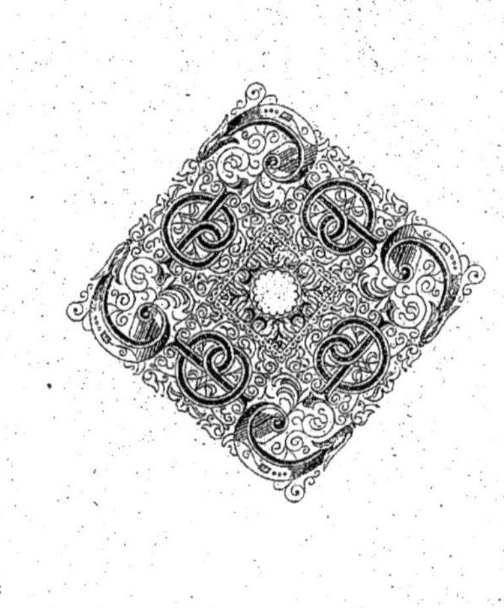

www.ingramcontent.com/pod-product-compliance
Ingram Content Group UK Ltd.
Pitfield, Milton Keynes, MK11 3LW, UK
UKHW021055120726
13693UKWH00006B/2637